Քաջ Նազար

Հովհաննես Թումանյան

Պատկերազարդում
Քրիս Կարապետյան

Պատմության դասավորում
Անգլերեն թարգմանություն
Արմինէ Ավագ Ղաիրեմանի

Համակարգիչ և սկանավորում
Սերժ Բարսեղյան

Քաջ Նազար
Հովհաննես Թումանյան

Լինում է, չի լինում մի խեղճ մարդ՛ անունը Նազար: Էս Նազարը մի անշնորհք ու ալարկոտ մարդ է լինում, Ё նքան էլ վախկոտ, Էնքան էլ վախկոտ, որ մենակ ոտը ոտի առաջ չէր դնիլ, թեկկուզ սպանեիր: Օրը մինչև իրիկուն կնկա կողքը կտրած՝ նրա հետ դուրս գնալիս դուրս էր գնում, տուն գալիս՝ տուն գալի: Դրա համար էլ անունը դնում են Վախկոտ Նազար:

Էս Վախկոտ Նազարը մի գիշեր կնկա հետ շեմքն է դուրս գալի: Որ շեմքն է դուրս գալի՝ տեսնում է ճըքճըքան լո՛ւ-լուսնյակ գիշեր՝ ասում է:

-Ա՜յ կնիկ, ի՜նչ քարվան կտրելու գիշեր Է... Սիրտս ասում Է՝ վեր կաց գնա Հնդստանից եկող Շահի քարվանը կտրի բեր տունը լցրու..... Կնիկը թե.

-Ձենդ կտրի, տեղդ նստի, քարվան կտրողիս մտիկ արա... Նազարը թե.

-Ա՛նզգամ կնիկ, ինչ՞ու չես թողնում ես գնամ քարվան կտրեմ բերեմ տունը լցնեմ: Էլ ի՞նչ տղամարդ եմ ես, էլ ինչ՞ու եմ գդակ ծածկում, որ դու համարձակվում ես իմ առաջը խոսես:

Որ շատ կռվում Է՝ կնիկը տուն է մտնում դուռը փակում:

-Հո՛ղեմ էդ վախկոտ գըլուխդ, դե հիմա գնա ք̓արվան կտրի: Էս Նազարը մնում է դռանը: Վախից լեղապատառ է լինում: Ինչքան աղաչում-պաղատումԷ, որ կնիկը դուռը բաց անի, չի լինում, բաց չի անում: Ճարը կտրած գնում է մի պատի տակի կուչ է գալի, դողալով գիշերն անց է կացնում: Նազարը խռոված պատի տակին արևկող արած սպասում է, որ կնիկը գա տուն տանի:

Ամառվա շոգ օր, Գազազած ճանճեր, ինքն էլ Էնքան ալարկոտ, որ ալարում է քիթը սրբի, ճանճերը գալիս են սրա քիթը ու պռունգին վեր գալի, լցվում: Որ շատ նեղացնում են՝ ձեռը տանում է երեսին զարկում: Որ երեսին զարկում Է՝ ճանճերը ջարդվում են առաջին թափով:

-Վա՛հ, էս ի՞նչ էր.... մնում է զարմացած: Ուզում է համրի, թե մի զարկով քանիսն սպանեց՝ չի կարողանում:

-Վա՛յ, ասում է, -Ես էսպես տղամարդ եմ էլել ու մինչև էսօր չեմ իմացԷլ... Ես, որ մի զարկով կարող եմ հազար շունչ կենդանի ջարդել, էլ ի՞նչ եմ էս անպիտան կնկա կողքին վեր ընկել......

Էստեղից վեր է կենում ուղիղ գնում իրենց գյուղի տերտերի մոտ:

-Տէ՛րտեր, օրհնյա ի տեր:

-Աստված օրհնի, որդի՛ս:

-Տէ՛րտեր, բա չես ասիլ, էսպես- էսպես բան: Պատմում է իր քաջագործությունը ու հետն էլ հայտնում է, որ պետք է իր կնկանից կորչի, միայն խնդրում է՝ իր արածը տերտերը գրի, որ անհայտ չմնա, ամենքն էլ կարդան իմանան: Տերտերն էլ, կատակի համար, մի փալասի կտորի վրա գրում է.

Անհաղթ հերոս Քաջն Նազար,
Որ մին զարկի՝ ջարդի հազար:

Ու տալիս է իրան: Նազարը էս փալասի կտորը մի փետի ծերի ամրացնում է, ու իրենց գյուղից դուրս է գալիս, ու ճամփա ընկնում ու գնում: Ինքն էլ չի իմանում, թե էդ ճամփեն ուր է տանում:

Գնում է գնում, մին էլ ետ է նայում, տեսնում է գյուղից հեռացել է: Էստեղ սիրտն ահ է ընկնում: Իրեն սիրտ տալու համար սկսում է քթի տակին մռմռալ, երգել, իրեն-իրեն խոսալ, քանի հեռանում է՝ էնքան վախը սաստկանում է՝, էնքան ձենը բարձրացնում է, սկսում է գոռգոռալ, հարայ-հրոց անել.......... էս աղմուկ ու աղաղակից. Նազարը ձենն ավելի է գլուխը գցում, իսկ որ մտնում է անտառը, թվում է, թե ամեն մի ծառի տակից, ամեն մի թփի միջից մի քարի ետևից ՝ որտեղ որ է գազան է հարձակվելու կամ ավազակ, սարսափած սկսում է գոռգոռալ, ոնց գոռգոռալ՝ ականջդ ոչ լսի:

Դու մի ասիլ հենց էս ժամանակ մի գյուղացի միամիտ անտառում փայտ էր կտրում, էս զարհուրելի ձենը ականջն է ընկնում , թե..

- Վա՛յ, կա-չկա էս ավազակներ են.. կտրտած փայտերը ու ձին թողնում է, երկու ոտն ուներ երկուսն էլ փոխ է առնում՝ փախչում:

Բախտդ սիրեմ Նազար. գոռգոռալով գալիս է տեսնում մի թամբած ձի ճամփի մեջտեղը կանգնած իրեն է սպասում: Ձին նստում ու շարունակում իր ճամփեն:

Շատ է գնում, քիչ է գնում, շատն ու քիչն էլ ինքը կիմանար, գնում է ընկնում մի գյուղ, ինքը գյուղին անծանոթ գյուղն իրեն: Ո՞ւր գնա , ուր չի գնա: Մի տանից զուռնի ձեն է լսում, ձին քշում է էս ձենի վրա, գնում է ընկնում մի հարսանքատուն:

- Բարի օր ձեզ:

- Ա ՛յ Աստծու բարին քեզ, բարով հազար բարի եկար: Համեցեք հա, համե՛ցեք, դե ղոնախն Աստծունն է:

Ու Նազարին տանում են իր դրոշակով սուփրի ծերին բազմեցնում: Աչքդ էն բարին տեսնի, ինչ որ լցնում են առաջը՝ թե ուտելիք, թե խմելիք:
Հարսանքավորները հետաքրքրվում են իմանան, թե ով է էս տարօրինակ անծանոթը: Ներքի ծերից մինը բոթում է իր կողքի նստածին ու հարցնում, սա էլ իր կողքի նստածին է բոթում, էսպես հերթով իրար բոթելով ու հարցնելով բանը մնում է վերի ծերին նստած տերտերին: Տերտերը մի կերպով ղոնախի դրոշակի վրա կարդում է.

Անհաղթ հերոս Քաջըն Նազար,
Ոի մին զարկի՝ ջարդի հազար:

Կարդում է ու զարհուրած հայտնում է իր կողքի նստածին, սա էլ իր կողքի նստածին, սա էլ իր կողքի նստածին, սա էլ իր երրորդին, երրորդը չորրորդին, էսպեսով հասնում է մինչև դռան տակը, ու ամբողջ հարսանքատունը դըմբում է թե՝ ...
-Բա՛ չես ասիլ նորեկ ղոնախն է ինքը.

Անհաղթ հերոս Քաջըն Նազար,
Որ մին զարկի՝ ջարդի հազար:

-Քաջ Նազարն է հա՛... բացականչում է պարծենկոտի մինը..
-Ի՜նչքան է փոխվել, միանգամից լավ չճանաչեցի...
Եվ մարդիկ են գտնվում, որ պատմում են նրա ասած քաջագործությունները, հին ծանոթությունն ու միասին անցկացրած օրերը: Խոսք-խոսքով հարբած հարսանքավորները լսում էին Նազարին, պատմում էր իր քաջագործություններից:
Ու ապշած ժողովուրդը ոտի է կանգնում, խմում է Քաջ Նազարի կենացը: Իրենց միջի խելոքն էլ դուրս է գալիս ճառ է ասում Նազարի առաջ, ասում է...
-Մենք վաղուց էինք լսել քո մեծ հռչակը. կարոտ էինք երեսդ տեսնելու և ահա էսօր բախտավոր ենք, որ քեզ տեսնում ենք մեր առաջ: Նազարը հառաչում է ու ձեռքը թափ է տալիս: Ժողովրդականները խորհրդավոր իրար աչքով են անում, հասկանում են, թե էդ հառաչանքն ու ձեռքի թափ տալը ինչքան բան կնշանակեր...

Աշուղն էլ, որ էնտեղ էր, ձեռաց երգ է հորինում ու երգում:

Բարով եկար հազար բարի,
Յզոր արծիվ մեր սարերի,
Թագ ու պարծանք մեր աշխարհի,
Անհաղթ հերոս Քաջըդ Նազար,
Որ մին զարկես ջարդես հազար:

Խեղճ տըկարին դու ապավեն,
Ազատ կանես ամեն ցավին,
Մեզ կըփրկես անիրավին,
Անհաղթ հերոս Քաջըդ Նազար,
Որ մին զարկես ջարդես հազար:

Մատաղ ենք քո դըրոշակին,
Մեջքիդ թըրին, տակիդ ռախշին,
Նրա ոտին, պոչին, բաշին,
Անհաղթ հերոս Քաջըդ Նազար,
Որ մին զարկես ջարդես հազար:

Ու ցրվելով հարբած հարսանքավորները տարածում են ամեն տեղ, թե գալիսէ......

Անհաղթ հերոս Քաջըն Նազար
Որ մին զարկի՝ ջարդի հազար:

Պատմում են նրա զարմանալի քաջագործությունները, նկարագրում են նրա ահռելի կերպարանքը: Ու ամեն տեղ իրենց նորածին երեխաների անունը դնում են Քաջ Նազար:
Յարսանքատնից հեռանում է Նազարը ու շարունակում է ճամփեն: Գնում է ու հասնում մի կանաչ դաշտի: Էս կանաչ դաշտում ձին բաց է թողնում արածի, դրոշակը տնկում է, ինքն էլ դրոշակի շվաքում պառկում քնում:

Դու մի ասել հսկա ավազակապետ եղբայրներ կան, էս տեղերը նրանցն են, իրենց ամրոցն էլ մոտիկ սարի գլխին է:

Էս հսկաները վերևից մտիկ են տալիս որ մի մարդ եկել է իրենց հանդում վեր է եկել: Շատ են զարմանում, թե էս ինչ սրտի տեր մարդ պիտի լինի, քանի գլխանի, որ առանց քաշվելու եկել է իրենց հանդում հանգիստ վեր է եկել ու ձին էլ բաց թողել: Ամեն մինը մի գուրզ ուներ քառասուն լդրանոց: Էս քառասուն լդրանոց գուրզները վերցնում են գալի: Գալիս են ի՜նչ ես տեսնում, հրես մի ձի արածում է, մի մարդ կողքին քնած, գլխավերևը մի դրոշակ, դրոշակի վրեն գրած.

Անհաղթ հերոս Քաջըն Նազար,
Որ մին զարկի՜ ջարդի հազար:

-Վա՜ յ, Քաջ Նազարն է... Մատները կծում են հսկաներն ու մնում են տեղները սառած: Դու մի՜ ասիլ հարբած հարսանքավորների տարածած լուրը սրանց էլ է լինում հասած: Էսպես թուքները ցամաքած, չորացած սպասում են, մինչև Նազարն իր քունն առնում է ու զարթնում, որ զարթնում է, աչքերը բաց է անում գլխավերևը քառասուն լդրանոց գուրզներն ուսներին առած ահռելի հսկաները կանգնած՝ էլ էն փորումը սիրտ չի մնում: լեղապատառ սկսում է դողալ, ոնց որ աշունքվա տերևը կդողա: Էս հսկաները որ տեսնում են սա գունատվեց ու սկսեց դողալ, ասում են՝ բարկացավ, հիմի որտեղ որ է մի զարկով ամենիս կսպանի, առաջին գետին են փռվում ու խնդրում:
-Մենք լսել էինք քո ահավոր անունը, տեսությանդ էինք փափագում, այժմ բախտավոր ենք, որ քո ոտով ես եկել մեր հողը: Մենք, քո խոնարհ ծառաներդ՝ ենք, ահա մեր ամրոցն էլ էն սարի գլխին է՝ մեջը մեր գեղեցիկ քույրը: Աղաչում ենք.
-Անհաղթ հերոս Քաջըն Նազար, Որ մին զարկես՝ ջարդես հազար:
-Շնորհ անես գաս մեր հացը կտրես.......
Էստեղ նազարի շունչը տեղն է գալի, նստում է իր ձին, նրանք էլ դրոշակն առած առաջն են ընկնում ու հանդիսավոր տանում են իրենց ամրոցը: Տանում են ամրոցում պահում, պատվում թագավորին վայել պատվով, ու էնքան են խոսում նրա քաջագործություն-ներից, էնքան են գովում, որ իրենց գեղեցիկ քույրը սիրահարվում է վրեն: Ինչ ասիլ կուզի՝ հարգն ու պատիվն էլ հետն ավելանում է:

Էս ժամանակ վագր է լուս ընկնում էս երկրում ու սարսափ գցում ժողովրդի վրա: Ո՞վ կսպանի վագրին, ո՞վ չի սպանիլ: Իհարկե Քաջ Նազարը կսպանի: Էլ ո՞վ սիրտ կանի վագրի դեմը գնա: Ամենքն էլ Նազարի երեսին են մտիկ տալի, վերևը մի Աստված, ներքևը Քաջ նազար:

Վագրի անունը լսելուն պես Նազարը վախից դուրս է վազում, ուզում է փախչի ետ գնա իրենց տունը, իսկ կանգնածները կարծում են, թե վազում է, որ գնա վագրին սպանի: Նշանածը բռնում է կանգնացնում, թե՝ ո՞ ւր ես վազում էդպես առանց զենքի, զենք առ հետդ էնպես գնա: Զենք է բերում տալիս իրեն, որ գնա իր փառքի վրա մի քաջություն էլ ավելացնի: Նազարը զենքն առնում է դուրս գնում: Գնում է անտառում մի ծառի բարձրանում, վրեն տապ անում, որ ոչ ինքը վագրին պատահի , ոչ վագրը իրեն: Ծառի վրա կուչ է գալի ու Նազարն ո՞վ կտա հոգին դառել է կորեկի հատ: Յակառակի նման անտեր վագրն էլ գալիս է հենց էս ծառի տակին պառկում: Նազարը որ վագրին չի տեսնո՜ ւ մ՝ լեղին ջուր է կտրում, աչքերը սևանում են, ձեռն ու ոտը թուլանում են ու, թրը՝ մփ........ ծառիցը ընկնում է գազանի վրա: Վագրը սարսափած տեղիցը վեր է թռչում, Նազարն էլ վախից կպչում է սրա մեջքին: Էսպես զար-հուրած, Նազարը մեջքին կպած՝ էս խրտնած վագրը փախչում է, ոնց է փախչում, էլ սար ու ձոր, քար ու քոլ չի հարցնում:

Մարդիք մին էլ տեսնում են, Վա՜հ, Քաջ Նազարը վագրին նստած քշում է:

-Յա՜ յ -հարա՝ յ, եկե՜ք հա, եկե՜ք, Քաջ Նազարը վագրին ձի է շինել հեծել......տվե՜ք հա տվե՜ք.....

Սրտավորվում են, ամենքը մի կողմից հարայ-հրոցով, հըռհըռոցով հարձակվում են՝ խանչալով, թրով, թվանքով, քարով, փետով տալիս են սպանում:

Նազարը որ ուշքի է գալիս, լեզուն բացվում է:

-Ափսո՜ս, ասում է, - ընչի՞ սպանեցիք, զոռով մի ձի էի շինել նստել.. Էնքան պետք է քշեի ո՜ ր....

Լուրը գնում է հասնում ամրոցը: Մարդ, կին, մեծ, պստիկ՝ ժողովուրդը դուրս է թափում Նազարին ընդունելու: Վրեն երգ են կապում ու երգում:

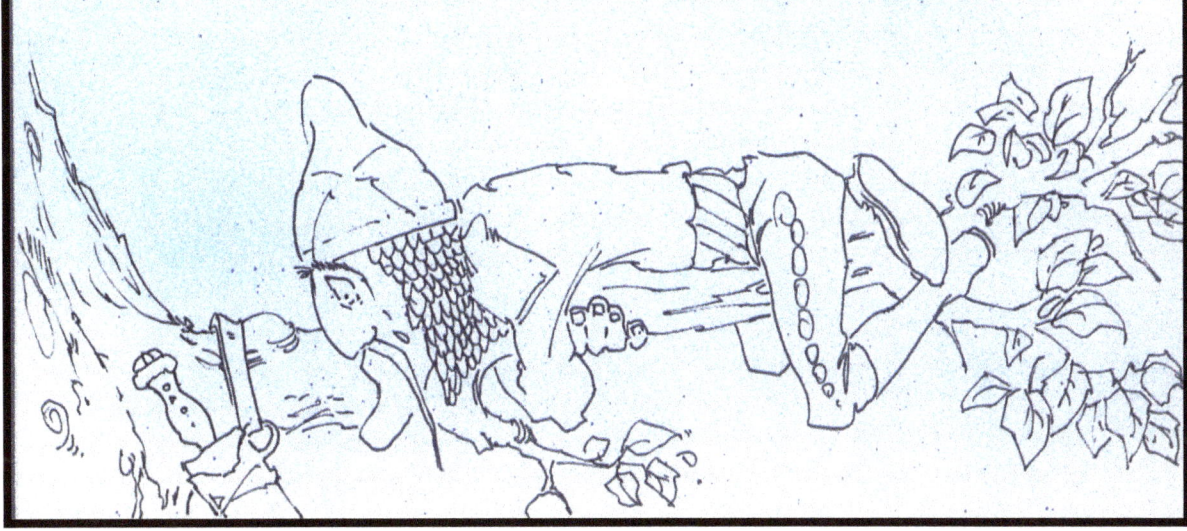

Էս աշխարհքում,
Մարդկանց շարքում
Ով կըլինի քեզ հավասար,
Ո՜վ Քաջ Նազար:

Ինչպես ուրուր,
Կայծակ ու հուր,
Բարձր բերդից հասար.
Ո՜վ Քաջ Նազար:

Ահեղ վագրին
Արիր քո ձին,
Չեծար անցար դու սարեսար,
Ո՜ վ Քաջ Նազար

Մեզ փըրկեցիր,
Ազատեցիր,
Փառք ու պարծանք քեզ դարեդար,
Ո՜ վ Քաջ Նազար:

Ու պսակեցին Քաջ Նազարին հսկաների գեղեցիկ քրոջ հետ. օխտն օր, օխտ գիշեր հարսանիք արին, երգերով գովեցին թագավոր ու թագուհուն:

-Լուսընկան նոր սարն ելավ,
Են՜ ո՜ ւմ նըման էր:
-Լուսընկան նոր սարն ելավ,
Են Քաջ Նազարն էր:
-Արեգակ նոր շաղեշաղ,
Են ո՜ ւմ նըման էր:
-Արեգակ նոր շաղեշաղ,
Են իր նազ-յարն էր:

Մեր թագավորն էր կարմիր,
իրեն արևն էր կարմիր,
Թագն էր կարմիր, հա՝ յ կարմիր,
Կապեն կարմիր, հա՛ յ կարմիր,

Գոտին կարմիր, համ յ կարմիր,
Սոլեր կարմիր, համ յ կարմիր,
Թագուհին կարմիր, համ յ կարմիր,
Կարմիր թագուհուն բարև,
Կարմիր թագվորին արև:
Շնորհավոր, չնորհավոր,
Քաջ Նազարին շնորհավոր,
Իր նազ-յարին շնորհավոր,
Ողջ աշխարհին շնորհավոր

Դու մի՛ ասիլ էս աղջկանը ուզած է լինում հարևան երկրի թագավորը: Որ իմանում է իրեն չեն տվել, ուրիշի հետ են ամուսնացրել՝ զորք է կապում պատերազմով գալիս է հսկաների վրա: Հսկաները գնում են Քաջ Նազարի մոտ, պատերազմի լուրը հայտնում են, գլուխ են տալիս առաջը կանգնում՝ հրաման են խնդրում:

Պատերազմի անունը որ լսում է՝ սարսափում է Նազարը. դուրս է պրծնում, որ փախչի ետ գնա իրենց գյուղը: Մարդիկ կարծում են ուզում է իսկույն դուրս վազել հարձակվել թշնամու բանակի վրա: Առաջ են ընկնում, բռնում են խնդրում, թե ախր առանց զենքի ու զրահի մենակ ո՞ւր ես գնում, ի՛նչ ես անում, գլխիցդ ձեռք ես վերցրել, ի՞նչ է:

Բերում են զենք ու զրահ են տալիս, կնիկն էլ եղբայրներին խնդրում է, որ չըթողնեն Նազարը իր քաջությունից տարված մենակ հարձակվի թշնամու զորքի վրա: Եվ լուրը գնում տարածվում է զորքի ու ժողովրդի մեջ, լրտեսների միջոցով էլ հասնում է թշնամուն, թե ...Քաջ Նազարը մենակ առանց զենքի թռչում էր դեպի պատերազմի դաշտը, հազիվ՝ են կարողացել զսպել ու շրջապատված բերում են....

Պատերազմի դաշտում մի ամեհի նժույգ ձի են բերում, Նազարին նստեցնում վրեն: Ոգեվորված զորքն էլ հետը վեր է կենում ահագին աղմուկով՝ կեցցե՜ Քաջ Նազա՛ ր..մա՛ հ թշնամու՜ն...

Նազարի տակի նժույգը, որ տեսնում է վրեն ինչ անպետքի մինն է նստած՝ խրխնջում է, գլուխն առնում ու թռչում առաջ, ուղիղ թշնամու բանակը: Զորքերը կարծում են Քաջ Նազարը հարձակվեց, ուռռա՜ են կանչում ու իրանք էլ ետևից հարձակվում ամենայն սաստկությամբ:

Նազարը որ տեսնում է չի կարողանում իր ձիու գլուխը պահի, քիչ է մնում վեր ընկնի, ձեռը գցում է, ուզում է մի ծառի փաթաթվի, դու մի՜ ասիլ............

Ծառը փտած է, մի գերանաչափ ճյուղը պոկ է գալիս մնում ձեռին: Թշնամու զորքը որ առաջուց համբավը լսել էին ու ահը սրտներումն էր, էս էլ որ իրենց աչքով տեսնում են՝ էլ փորներումը սիրտ չի մնում, երես են շուռ տալիս, որ փա՜մ խի, թե մարդ ես գլուխդ պրծացրու, որ Քաջ Նազարը ծառերն արմատահան անելով գալիսէ..........

Էդ օրը թշնամուց ինչքան կոտորվում է կոտորվում, մնացածը թուրները դնում են Քաջ Նազարի ոտի տակ, հայտնում են իրենց հպատակությունն ու հնազանդությունը:

Ու պատերազմի ահեղ դաշտից Քաջ Նազարը հսկաների ամրոցն է վերադառնում: Ժողովուրդը հաղթական կամարներ է կապում, աննկարագրելի ոգեորությամբ, ուռաներով և կեցեներով, երգով ու երաժշտությունով, աղջիկներով ու ծաղիկներով, պատգամավոր-ություններով ու ճառերով առաջն է դուրս գալի, էնպես մի փառք ու պատիվ, որ Նազարը մնացել է ապշած շշկլված:

Էսպես առքով-փառքով էլ բերում հրատարակում են իրենց թագավոր ու բազմեցնում են թագավորի թախտին:
-Քաջ Նազարը դառնում է թագավոր, էն հսկա ներից ամեն մեկին էլ մի պաշտոն է տալիս:
Մին էլ տեսնում է աշխարհքը իր բռան մեջ:

Ասում են մինչև էսօր էլ դեռ ապրում ու թագավորում է Քաջ Նազարը: Ու երբ քաջությունից, խելքից, հանճարից մոտը խոսք են գցում՝ ծիծաղում է , ասում է.

- Ինչ քաջություն, ի՜նչ հանճար. դատարկ բաներ են բոլորը: Բանը մարդուս բախտն է : Բախտ ունե՜ս քեֆ արա....

Եվ ասում են՝ մինչև էսօր էլ քեֆ է անում
Քաջ Նազարը ու ծիծաղում է աշխարհքի վրա:

Nazar the Brave

Introduction
This story is based on Hovhaness Tumanyan's Nazar the Brave (Kaj Nazar). Tumanyan is the national poet of Armenia who penned poems, quatrains, ballads, fables, and essays.

Nazar the Brave

Nazar was a lazy good-for-nothing, and cowardly man. He depended on his wife for everything, and was even afraid to leave the house alone. His adventures start one night when he boasts to his wife about robbing the shah's (king's) caravan in a moonlit night, and brining home the loot. Having had enough of him kicks him out of the house. His pleas to be let back in do no good, and he ends up having to spend the night outside. After a while, being very tired, he sits down against a wall, and falls asleep. In the morning he wakes up to a bunch of flies sitting on his face and buzzing about. Overcoming his lazy nature he manages to slap his forehead in frustration killing some flies. He starts counting the dead flies but his laziness gets the better of him and stops counting, assuming that he has killed a thousand flies with a single blow. He runs to the village priest asking him to bless him for his bravery. The priest, to mock him, writes on an old tattered rag:

> "Nazar the Brave, who fear doesn't know.
> Kills a thousand with a single blow."

Nazar makes a flag with the rag, and marches around the village singing the slogan. As he marches on he comes upon a wedding celebration in neighboring village. Seeing the slogan on his flag the villagers are very impressed and invite him to attend the wedding as a guest of honor. After the celebration Nazar takes his flag and marches on finally resting in a green meadow where he sticks his flag into the ground and falls asleep under it. As it happens, the field belonged to two giants who lived nearby. When they go to confront the trespasser they see his flag and read the slogan. At that moment Nazar wakes up and at the sight of the giants is scared out of his mind and starts to literally shiver in fear. The giants interpret this as his uncontrollable rage. To avoid a terrible fate the giants beg Nazar to spare their lives and join them in their castle as a guest. Nazar accepts. As he is being received in the castle and they are about to enjoy a feast the news of a wild tiger that is terrorizing everyone in the area reaches them. Everyone agrees that Nazar the Brave is the person best suited to kill the tiger. Nazar is so scared that he decides to just run back home to his wife, but everyone thinks that he is running to go kill the tiger empty-handed. He is given a sword, shield and helmet and sent off to kill the tiger. Instead he leaves the castle and hides in a tree in the fields. As luck would have it, the tiger comes and sleeps right under the very same tree. Seeing the tiger Nazar is so scared that he loses his grip and falls from the tree onto the tiger's back. The tiger, startled, jumps up and starts running around the field while Nazar is clinging to the tiger's back for dear life. Upon seeing Nazar's bravery the villagers grab anything they can and rush to help Nazar, and manage to kill the tiger with a group effort. Nazar decides to take advantage of the turn of events and proclaims that it was a pity that the tiger was killed as he had managed to almost tame the tiger like a horse.

News of this incredible bravery spreads far and wide. As a token appreciation the giants offer their sister's hand to Nazar. He accepts and they celebrate with a huge wedding. The news of this wedding reaches the king, in the neighboring kingdom, who wanted to marry the giants' sister but was refused. Enraged by this, he declares war, and arrives with his army to siege the giants' castle. Nazar is told about the impending war, and tries to run away and rushes out of the castle. Thinking that Nazar is headed to battle, they beg him to at least take weapons. But he manages to escape and mounts a horse in an effort to run away, but the horse is spooked and runs about wildly towards the king's army. As the horse is running and approaches a tree, Nazar tries to grab a hold of the tree to get off the horse. But the tree being old and rotted is pulled out of the ground, so Nazar is still headed towards the king's army but now holding a tree.

Having heard stories of Nazar the Brave and seeing that he has ripped out a tree from the ground to use as a weapon, the king's army drops everything and runs away in fear. News spreads that Nazar single-handedly defeated the enemy army, and Nazar is welcomed as their king.

It is said that Nazar still reigns there and when people speak of bravery, intelligence, or talent in his presence, he laughs and says, "It is all a question of luck. If you are lucky, you will be merry."

Քաջ Նազար
Հովհաննես Թումանյան

Պատկերազարդում..........Քրիս Կարապետյան

Լինում է, չի լինում մի խեղճ մարդ՝ անունը Նազար: Էս Նազարը մի անշնորհք ալարկոտ մարդ է լինում, է՛ նքան էլ վախկոտ, է՛ նքան էլ վախկոտ, որ մենակ մի քայլ առաջ չէր դնի, թեկուզ տասը փետ տաիր: Օրը մինչև իրիկուն կնկա կողքին կպած՝ նրա հետ դուրս գնալիս դուրս էր գնում, տուն գնալուն՝ տուն գալիս:

Նազարը շա՛տ ծույլ ու անբան մարդ էր:

Որտեղ հասներ՝ ծառի տակ....պատի շվաքում..

Պառկում ու քնում.....

Նազարը գիշերը կերակուրը ուտելուց ու կնգա հայհոյանքը լսելուց հետո դուրս եկավ տան շեմքին:
-Էս ի՜նչ աստղ ու լուսին է կնիկ.....
-Ա՜յ կնիկ, էս ի՜նչ քարվան կտրելու գիշեր է.....
-Սիրտս ուզում է վեր կենամ գնամ Հինդուստանից եկող Շահի քարավանը կտրեմ բերեմ տունը լցնեմ......

-Ա՛յ մարդ..... վեր էլի՜....
մի բանով օգտակար եղիր.
-Ա՛ յ դու անպետք
-Ի՞նչ ես շվաքի պես ինձ
կպած պոչս ես եղել.....
-Ոչինչի պետք չես:

-Ձենդ կտրի՝, տեղդ նստի՛, քարավան կտրողիս մտիկ արա՛...
-Անզգամ կնիկ, ի՞ նչու չես թողնում գնամ քարավան կտրեմ բերեմ տունը լցնեմ....
-Էլ ի՞նչ տղամարդ եմ ես որ համարձակվում ես իմ առաջ խոսես:
-Յողեմ էդ վախկոտ գլուխդ, դէ հիմա գնա քարվան կտրի:
-Չանէ՛ ս կնիկ....
-Կնի՛ կ....Կնի՛ կ...
-Ուստիա՛ ն, դուռը բա՛ ց....
-Անզգամ կնիկ... բա՛ ց էս դուռը քեզ ասում եմ.

-Յաա՜ կնի՜կ... ի՞ նչ ես անում...
Ինչքան աղաչանք պաղատանք որ կնիկը դուռը բաց անի, չի լինում, բաց չի անում:
-Անզգամ կնիկ... բա՜ ց էս դուռը քեզ ասում եմ.
-Ի՞ նչ անեմ.....
-բա՝ ա ..... հիմա ի՞ նչ.......
Գիշեր էր, փողոցները դատարկ: ճարը կտրած դողդողալով ճանապարհի է ընկնում:

Վախից լեղապատառ աջ ու ձախ նայելով գնում է:
-Ո՞ւր գնամ......
Մինչ ուշ գիշեր մութ փողոցներում մոլորված քայլում ու վերջը մի պատի տակ կուչ գալիս ու վախից դողդողալով գիշերն անց կացնում:
Այսպես մինչև լույսի բացվելը սպասում է :
-Ղը՜ ըը.......
-Ղը՜ ըը.."

Նազարը արևկողմ պատի տակ էր. ամռան մի շոգ օր, օդում էլ գազազած ճանճեր, ինքն էլ էնքան ալարկոտ, որ ճանճերը շարված էին քթին ու պռոշին:
-Յ՛յ՛յ՛աաա.. կորե՛ք.. գնացե՛ք..
Մեկից շատ ավել էին ու չկարողացավ հաշվի. Մտածում է, որ հազարից պակաս չի լինի:
-Վա՜յ, էս ի՞նչ էր...
-Մի զարկով քանիսի՞ն սպանեցի.

-Վա՜հ, էս ինչ տղամարդ եմ եղել ու մինչև էսօր չեմ իմացել......
-Էս, որ մի զարկով կարող եմ հազար շունչ կենդանի ջարդել, էլ ինչու եմ էս անպիտան կնկա կողքին վեր ընկել...
-Տերտե՛ր. օրհնյա ի Տեր, կա՛ց, բան ունեմ ասելու.
-Աստված օրհնի, որդի՛:
-Տերտե՛ր, բա չե՞ս ասի , ես՝ Նազարը, մի զարկով ը՜....ը՜ բոլորին ջարդեցի.....
-Տերտե՛ր. մի խնդրանք ունեմ. իմ արածը գրի առնես, որ անհայտ չըմնա ու ամենքն էլ կարդան ու իմանան:

Տերտերը կատակի համար մի փալասի կտորի վրա գրում է......
Անհաղթ հերոս Քաջքն Նազար,
Որ մին զարկի՝ զարդի հազար:
Նազարը էս փալասի կտորը
մի փետի ծերին ամրացնում է ու.....

Նազարը դրոշակը վերցնում ու գյուղի փողոցներում երգելով քայլում ու...
Կամաց կամաց երգելով գյուղից հեռանում ու մի ճամփա է ընկնում
Ինչքան հեռանում ավելի ձենը բարձրացնելով է երգում:

Ձենը գլուխը գցած ու գոռգոռալով հասնում է մի անտառ: Ու միանգամից նկատում է որ մի սարսափելի անտառում է արդեն..
Դու մի ասա անտառում մի խեղճ գյուղացի միամիտ փայտ էր կտրում: Էս զարհուրելի գոռգոռալու ձենը հասնում է ականջին:
-Վա՜յ յ՛յ.......
- Կա- չկա էս անտառի գազաններն ու դևերն են:

Խեղճ մարդը կացինն ու կտրտած փայտերն ու ձին թողնում,
երկու ոտք ուներ, երկուսն էլ փոխ առնում ու փախչում:
Բախտդ սիրեմ Քաջ Նազար. Գոռգոռալով
գալիս է, տեսնում մի թամբած ձի ճամբի
մեջտեղ իրեն է սպասում:
-Այ դու անասուն, էստեղ
անտառում ի՞նչ կանես...

Թամբած ձիուն նստում ու շարունակում է իր ճամփան: Շատ է գնում թէ քիչ, ինքը կիմանա. գնում հասնում է մի գյուղի. ինքը գյուղին անծանոթ, գյուղը իրեն. ու՞ր գնա, ու՞ր չգնա:

Գյուղի մի տնից զուռնի ձեն էր գալիս. ձին քշում է դեպի էդ ձայնը:

Գնում հասնում է մի հարսանքատուն:

Բարի օր ձեզ:
- Ա՛յ Աստծու բարին քեզ, բարով հազար բարով եկար:

- Բա՛րով եկա՛ր:
- Համեցե՛ք հա, համեցե՛ք, դե ղոնախը Աստծունն է:

Ու տանում են սրան իր դրոշակով սուփրի վերի ծերին բազմեցնում:
Հարսանքավորները հետաքրքրվում են իմանան, թե ո՞վ է էս տարօրինակ անծանոթը:
Նազարը սուփրի ուտելիքը տեսնում, մի երկու թաս գինի ու.....
Ոգևորված սկսում է պատմել ճամփի պատահած երևակայական փործանքներն ու իր քաջագործությունները:
-Հ՛ա՜մա՛յ մի աջ, մի ձախխխ..
-Հ՛ա՜մա՛յ էսպես զարկիմ.

-Ո՞վ է էս անծանոթը.
-Չըգիտեմ...
-Ը՛ը՛.... անիաղթ իերոս Քաջ Նա՜աա՜զ..........զ
-Քաջ Նազարն է իա՜....
-Անիաղթ իերոս քաջն Նազար, Որ մի զարկի՝ ջարդի իազար:
-Բա չես ասիլ նորեկ ղոնախը ինքը Քաջ Նազարն է իա՜...
-Ի՜նչքան է փոխվել միանգամից լավ չճանաչեցի...
-Կենաց իերոսի՜ն.
-Քաջն Նազարի Կենա՜ց

Բարով եկար, հազար բարի,
Հզոր արծիվ մեր սարերի,
թագ ու պարծանք մեր աշխարհի,
անհաղթ հերոս Քաջըդ Նազար,
Որ մի զարկես ջարդես հազար:
Խեղճ տկարին դու ապավեն,
Ազատ կանես ամեն ցավեր,
Մեզ կըփրկես անիրավեն,
Անհաղթ հերոս Քաջըդ Նազար,
Որ մի զարկես ջարդես հազար:
Մատաղ ենք մենք քո դրոշակին,
Մեջքիդ թուրին, տակիդ ռախշին,
Նրա ոտին, պոչին, բաշին,
Անհաղթ հերոս Քաջըդ Նազար,
Որ մի զարկես ջարդես հազար:
Ու ցրվելով հարբած հարսանքավորները
տարածում են ամեն տեղ, թե գալիս է,
Անհաղթ հերոս Քաջն Նազար
Որ մի զարկի՝ ջարդի հազար:
Պատմում են նրա զարմանալի
քաջագործություններից ու նկարա-
գրում նրա ահռելի կերպարանքը:
Էդ օրվանից հետո ամենը իրենց
նորածին երեխաների անունը դնում
են Քաջ Նազար: Նազարը շարու-
նակում է իր ճամփեն:
Գնում հասնում է մի դաշտ:

Իջնում է դաշտը, ձին բաց թողնում որ արածի, ինքն էլ դրոշակը տնկում ու դրոշակի շվաքի տակ, գլուխը քարին դնում ու քնում:
-Էդ ո՞վ պիտի լինի որ...
Էս ի՞նչ սրտի տեր մարդ պիտի լինի....
Առանց քաշվելու մտել է մեր հանդը ու հանգիստ վեր է ընկել, ու ձին էլ բաց թողել որ արածի:
-Ա..մա՜....մաննն.. Անհաղթ հերոսս Քաջ Նազար, Որ մի զարկի՝ ջարդի հազար:

-Վա՜յ....Քաջ Նազարն է.... զգույշ չարթնացնենք.. կը զայրանա:
-Վա՜յ....աչքերը բացում է...
-Բարկացավ ...հիմա որտեղ որ է մի զարկով երեքիս էլ մեկտեղ կըջարդի:
-Ա՜ամաաաա՜...

-Մենք լսել ենք քո ահավոր անունը, տեսությանդ էինք փափագում.
Ա՛ա՛աա
Ա՛ի՛ի՛ա՛յյ
-Այժմ բախտավոր եղանք որ քո ոտքով ես եկել մեր հողը:
Ա՛ա՛յյյյյ
-Մենք քո խոնարհ ծառաներդ՝ երեք ախպեր ենք, սհա մեր ամրոցն է էն սարի գլխին, մեր գեղեցիկ քույրն էլ մեջը: Աղաչում ենք Քաջ Նազար, շնորհ անես գաս մեր հացը կտրես....

Նազարը ձին նստում, նրանք էլ դրոշակը առած առաջ են ընկնում ու Նազարին տանում են իրենց ամրոց։

Հսկաների ամրոց։

Տանում են ամրոցում պահում, պատվում թագավորին վայել ու էնքան խոսում նրա քաջագործություններից, էնքան գովում որ իրենց գեղեցիկ քույրը սիրահարվում է վրան:
Ինչ՞ ասենք որ......հարգանք ու պատիվն էլ հետն ավելանում է:
Նազարի չտեսած օրերն է, հարգանք ու պատիվ, ուտել - խմել, թագավորին վայել կյանք:
Ճլ..փ
լճ..փ՛....
Չլ..փ
Հանգիստ կյանք, առավոտից գիշեր.

Մի օր էլ լուր է հասնում,
որ մի վագր է եկել իրենց
երկիր ու սարսափ գցել
ժողովրդի մեջ:
Վագրին ո՞վ կսպանի,
ո՞վ չի սպանի, իհարկե՝
Քաջ Նազարը.......
-Հերոս Քաջ Նազար, մեր
երկրում մի ահռելի վագր
է եկել:
-Վը..վը..վա՜...գր..
-Նա՜զա՜ր չէ....դատարկ ձեռքով
մի գնա վագրի հետ կռիվ...
-Վա՜..Վագր
-Ջենք ու զրահ է պետք:

-Բաց թո՛ղ ինձ.. թո՛ղ գնա՜մմ.....
-Վը..վը..վա՜...գր..
-Նազա՛ր... զսպիր քեզ, իմանում ենք, որ դատարկ ձեռքով կարող ես վագր սպանել....
-Մեր խաթրի համար զինվի:
-Ա՛ռ քեզ սուր, սաղավարտ ու վահան, թագավորին վայել:
-Ու հիմա քեզ տանենք անտառ, էնտեղ, որ վագրը որս անելուց հետո գալու է մռփելու, ցույց տանք:
-Էլ ճար չկա,.. մի ծառ կը ճարեմ, կելնեմ ծառին:

Նազարը ձիու վրա, հսկաները նրան տանում են անտառ:
-Հա... Նազար, էս են ծառն է որ վագրը տակին մռփում է:
-Ես էս ծառի վերևում կը մնամ. թող վագրը գա ու գնա իր գործին:
Նազարը ելնում, ծառը բարձրանում ու մի ճյուղի վրա է տեղավորվում:

Գիշերը էդ ճյուղի վրա փաթաթված, քունը տանում ու քնում է:
Առավոտը, լուսաբացին, վագրը գալիս ու մտնում է անտառ, հասնում է ծառի տակ:
Մռռռռ..
Մռռյ́ յ́ ա́ ա́ ու..
Վագրի բարձր մռնչյունից Նազարը
ահավոր թափ կերավ ու էդ թափից
ծառի ճյուղը կոտրվեց ու.....
Հը́ը́..յա́ա́..
Իյ́օ́օ...
Ա́յա́ա́..

Մռ..ռ̊..
Մռռաաու
Վերևից ընկավ ուղիղ գազանի վրա:
Էսպես Վագրը զարհուրած, Նազարը մեջքին կպած՝ խրտնած փախչում է...
Ա՜յա՜մ..
Ոնց որ էլ սար ու ձոր,
քար ու քոլ չի հասկանում:

-Յաա՜յ- հարաա՜յ, եկե՜ք.
Քաջ Նազարը վազրին
-Հա՜ տվե՛ք....
-Տվե՛ք, հա տվե՛ք....
-Հա՜ գալիս է..
-Տվե՛ք, հա տվե՛ք....
-Հա՜ տվե՛ք....
-Ու՜խ..
-Գումփ..
-Հա՜խ..
-Ու՜ֆ..
-Դը՜րփ....

-Հ՞ը... Նազա՛ր։
-Նազա՛ր, ողջ ես։
-Հ՞ը... Նազա՛ր, ողջ ես։
-Հը՛..
-Հը՛..-Հը՛..-Հը՛..
-Հը՛..

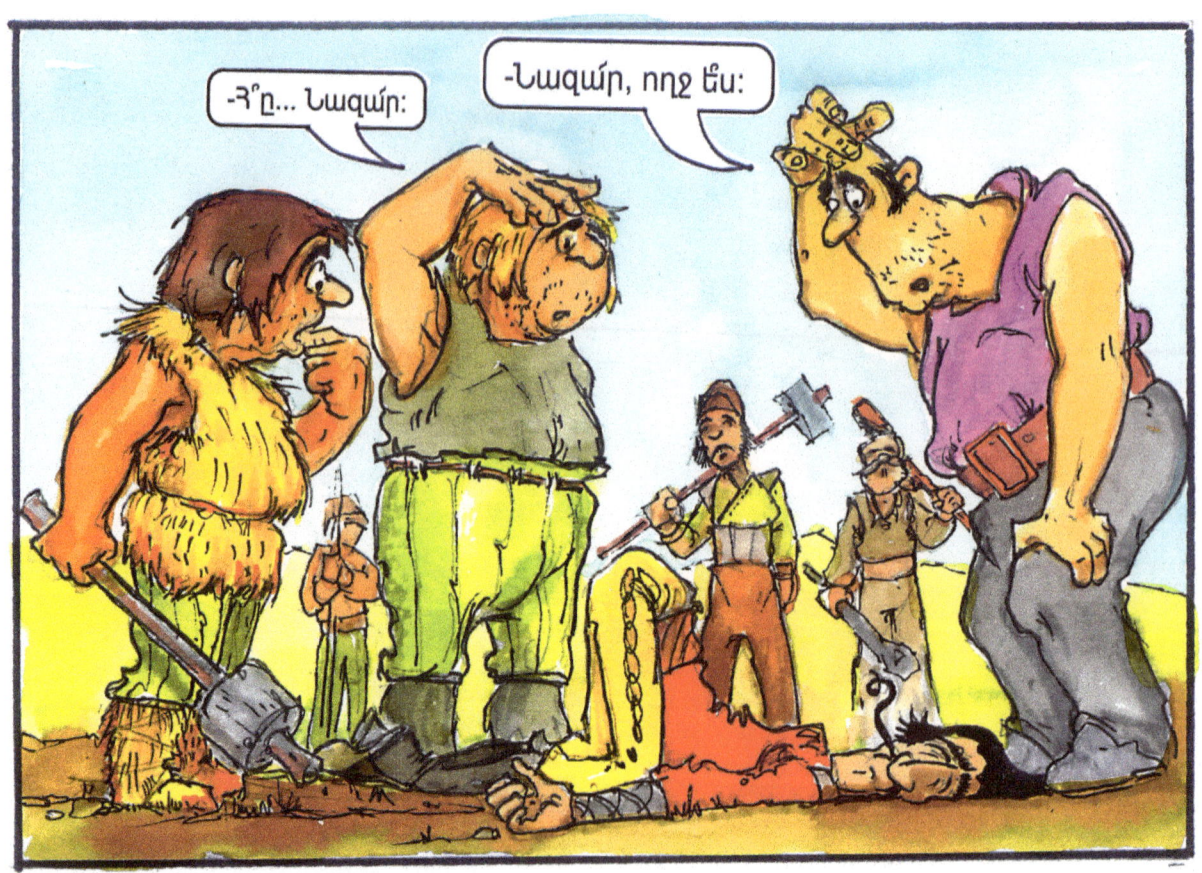

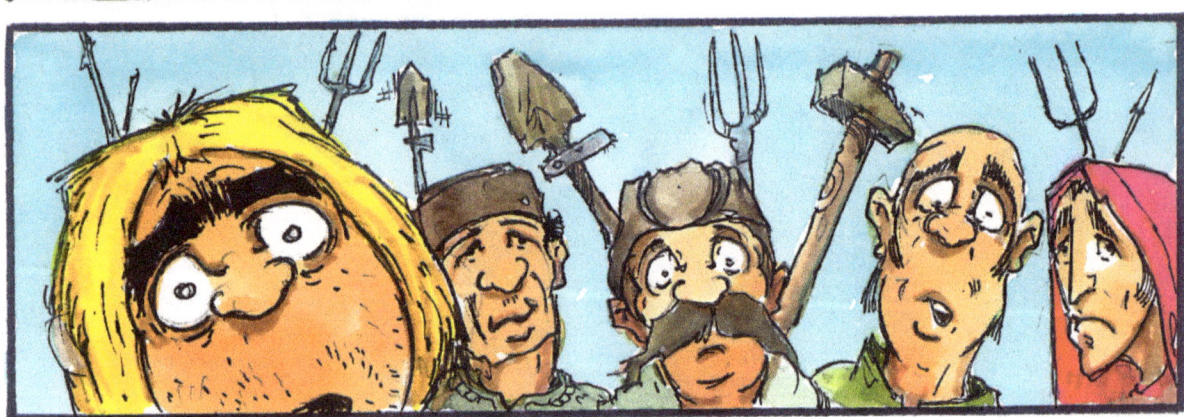

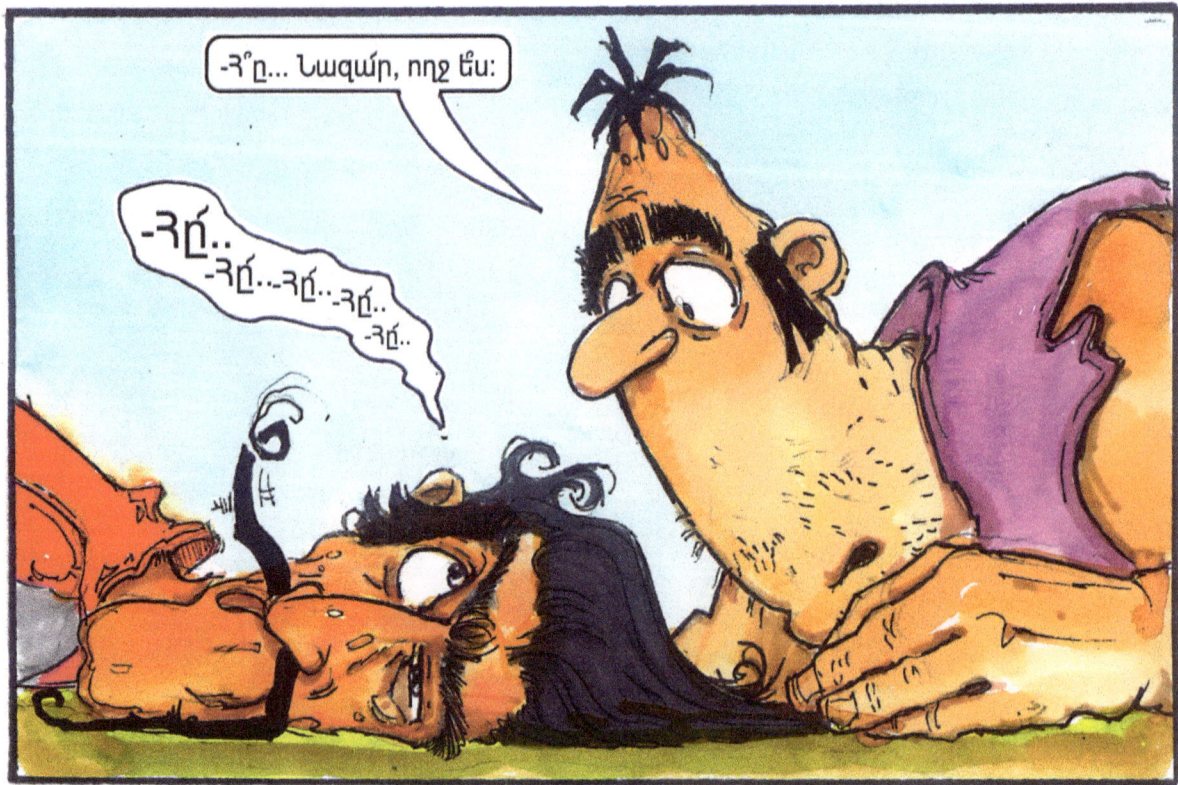

-Հա՛, ափսո՛ս ... ընչի՞ սպանեցիք.
-Հազիվ ձի էի դարձրել սրան ու նստել վրան. Էնքա՛ն պիտի քշեի ո՛ր...

Լուրը գնում հասնում է ամրոց: Մարդ ու կին, մեծ ու պստիկ՝
ժողովուրդը դուրս է թափում Քաջ Նազարին ընդունելու:
Գովասանքի երգ են գրում ու երգում:

Էս աշխարքում,
Մարդկանց շարքում,
Ո՞վ կըլինի քեզ հավասար,
Ո՞վ Քաջ Նազար:

Ինչպես ուրուր,
Կայծակ ու հուր,
Բարձր բերդից թռար հասար,
Ով Քաջ Նազար:

Ահեղ վագրին
Արիր քո ծին,
Հեծար անցար դու սարեսար,
Ո՞վ Քաջ Նազար:

Մեզ փրկեցիր,
Ազատեցիր,
Փառք ու պարծանք քեզ դարեդար,
Ո՞վ Քաջ Նազար:

Ու Քաջ Նազարին պսակում են հսկաների գեղեցիկ քրոջ հետ:
Յոթ օր, յոթ գիշեր հարսանիք արին, երգելով գովեցին թագավորին ու թագուհուն:

Հարևան երկրում մի թագավոր կար, ու դու մի ասա որ էս աղջկան ուզած է լինում, որ իմացավ աղջան ուրիշին են ամուսնացրել`.......

Զորք է բերում հսկաների երկրի վրա:
-Պատգամ ուղարկի էդ Թագավորին որ գա. պիտի կռվենք:
-Բա.. Հիմա ինչ անենք, զորք է բերել.....

Էդ օր Նազարը հանգիստ գահին փռված վայելում էր. իսկաների մեծ ախպերը գնում է Նազարի մոտ որ պատերազմի լուրը հայտնի:
-Յարևան երկրի թագավորը զորք է բերել մեր երկիր ու կռիվ է ուզում:
-Կռի՛վ....Կռի՛վ....
-Կռի՛վ....
-Ես պիտի գնամ...

-Նազար չէ՝, զսպիր քեզ, ի՞նչ ես անում, գլխիցդ ձեռք ես քաշել: Խնայիր քեզ:
-Կռի՛վ....
Նազարը կռվի անունն որ լսեց, սարսափահար տեղից քանդվում ու դու՛րս է պրծնում, որ հետ գնա իրենց գյուղը՝ Ուստիանի մոտ:
-Բաց թողեք ինձ, ես պիտի գնամ.....
-Ա՛յ.. աման, Նազար խղճիր մեզ:
Հասնում են բռնում ու հետ բերում ու զենք ու զրահ տալիս:

-Ա՛յ էս քեզ զենք ու զրահ:
-Ա՛յ սա թագավորին վայել սաղավարտ է:
-Խնդրում եմ չթողնեք Նազարը իր քաջու-թյունից տարված մենակ հարձակվի թշնամու բանակի վրա:
Մի աջ, մի ձախ է նայում...
Ու դուրս է պրծնում..

Դրսում մի ամեհի նժույգ ձի էր կանգնած, երկու ցոփ տալիս, թռնում ձիու վրա:
Էդ ձին շուռ է գալիս, տեսնում մի անճոռնի մեկը իր թամբին նստած:
Ա՜ա՜այ...
Ձին սարսափահար Նազարի բոռալուց՝ խրտնեց ու խրխնջալով բակից դուրս պրծան...

Ա՜ա՜աաաա....
Նազա՛րը վախից բոռալով, խրտնած ձին էլ գլուխն առած, ուղիղ դեպի թշնամու բանակը...
Շուտվանից լրտեսները լուր էին հասցրել թշնամուն թէ՝ Քաջ Նազարը մեն- մենակ, առանց զենքի գալիս է կռիվ ու չկարողացան նրան զսպել:
-Էդ Քաջ Նազարն է, որ կատաղած դեպի մեզ է գալիս.......թագավոր ապրած կենա, հրամայի՛ր:
Նազարը, որ հազիվ էր իրեն ձիու վրա պահել, մի ծառ է տեսնում դաշտի մեջ.
-Ծառից կըբռնեմ, ձին թող գնա կորի..
Ա՜ա՜այ...
Ա՜ա՜աաաա....

Ա՛մաաաա....
Մի փթած ծառ տեղահան անում....
Ա՛մայ...
-Ա՛յ, ամա՛ն...
տեսեք Նազարն է:

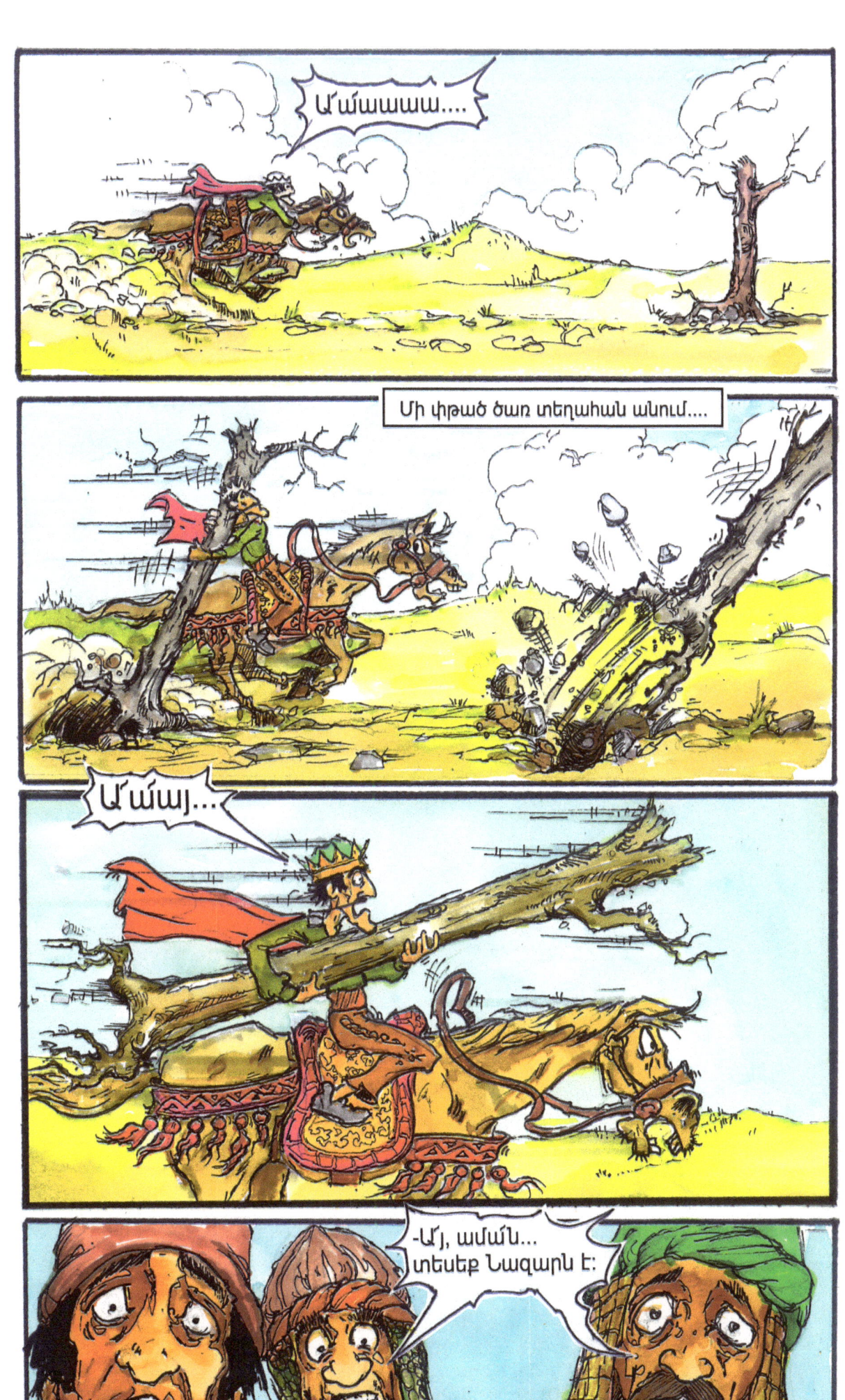

Զորքը, որ Քաջ Նազարի համբավը լսել էր, էդ էլ որ աչքով տեսավ՝ սարսափ ընկավ սրտում:
-Դե՝ փախի որ կը փախնես, Քաջ Նազարը ծառերը արմատահան անելով գալիս է...
-Փախեք՝ գալիս է...
-Ա՜յ...՟ աման, փախեք..
-Ա՜յ... փախե՜ք..
Սարսափած զորքը զենքերը ցած դրին, ու դաշտի փոշու մեջ կորած՝ անհայտացան:

Քաջ Նազարը պատերազմի ահեղ դաշտից ամրոց է վերադառնում: Ժողովուրդը հաղթական կամարներ է կապում, ոգևորությամբ երգեր ու ճառեր հոլովում: Ասում են թէ Քաջ Նազարը մինչև էս օր էլ դեռ ապրում ու թագավորություն է անում: Հանկարծ երբ մեկը քաջագործությունից, հանճարից ու խելքից մոտը խոսք բացի, խնդում ու ասում է՝
-Ի՜նչ քաջություն, ի՜նչ հանճար, ի՜նչ խելք. դատարկ բաներ են բոլորը:
-Բանս մարդու բախտն է, բախտ ունես՝ քեֆ արա:
Ու ասում են Քաջ նազարը մինչև էս օր քեֆ է անում ու ծիծաղում աշխարհի վրա:

Նախնական գծածներ

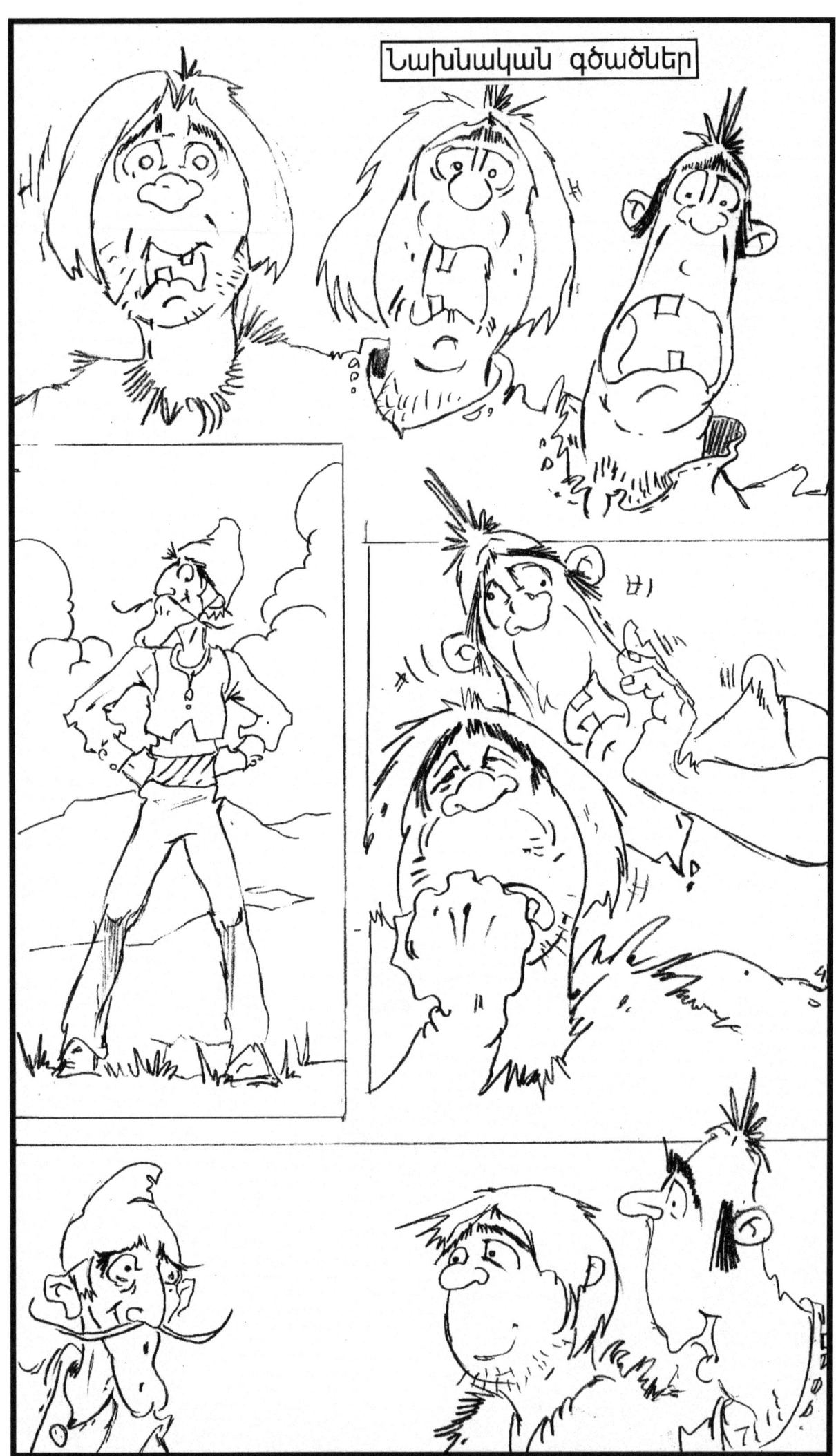

www.ingramcontent.com/pod-product-compliance
Lightning Source LLC
Chambersburg PA
CBHW061401070526
44583CB00026B/3236
* 9 7 8 1 7 3 2 4 2 6 4 4 3 *